© Francesco Barilli, Alessandro Ranghiasci 2020
for the story © Socrate 2020
© For the original Italian Edition BeccoGiallo Editore
All rights reserved
Korean translation Copyright © 2022 Ttalgi Books
Arranged through Icarias Agency, Seoul

이 책의 한국어판 저작권은 Icarias Agency를 통해 BeccoGiallo Editore와 독점 계약한 딸기책방에 있습니다.
저작권법에 의하여 한국 내에서 보호를 받는 저작물이므로 무단전재와 복제를 금합니다.

그래픽노블로 만나는 가장 지혜로운 사람

소크라테스

프란체스코 바릴리 글 | 알레산드로 란기아쉬 그림 | 김효정 옮김

정신적 유산

"소크라테스는 우리 도시가 옛날부터 믿어온 신들을 믿지 않고, 다른 새로운 신성을 소개함으로써 죄를 범했다. 또한 젊은이들을 타락시켰다. 구형은 사형."

책을 읽다가 고대 철학자의 이름을 맞닥뜨리면 그가 살았던 시대에는 무엇이 중요했는지 알기가 쉽지 않다. 전문가들조차 유명한 철학자가 하루하루 어떻게 살아갔는지 알기가 쉽지 않다. 고대 철학자에 관한 약력이나 참고문헌이 부족하다고 말하려는 것은 아니다. 그런 것이라면 '생애와 작품'이란 제목의 현학적인 요약문을 흔히 볼 수 있지만 시간이 지나면 당연히 잊어버린다. 우리는 그가 치열하게 살아오면서 겪은 성공과 패배, 교우 관계, 적대 관계에 관심이 있다. 저 역사의 화로 안에서 우리가 쓰는 철학자들의 용어(진리, 정의, 아름다움, 선함, 도덕성, 민주주의)가 갈등이나 우스운 상황 혹은 비극적인 사건 없이 명확하고 확실하게 나온 것은 아니다.

플라톤을 생각해 보자. 그는 기원전 387년경에 철학 학교인 아카데미아를 설립했다. 하지만 그가 대화할 때 최초의 유토피아 사회를 어떤 방식으로 말했는지 상상하기는 쉽지 않다. 공교육에서 사회적 인간을 만들어 내는 혁명적이고 매우 풍요로운 생각이 내전을 연구한 결과이고, 30인 참주와 맞선 귀족 쿠데타를 연구한 결과인데, 어떻게 해서 그렇게 된 것인지 상상하기 어렵다. 더구나 쿠데타는 유혈 사태를 일으키며 실패했고, 그 결과 플라톤은 조국을 떠나 오랫동안 자발적인 유배를 떠났다. 무엇보다 아카데미아는 정치 학교였다. 이 학교는 더 정의로운 사회를 만들기 위해, 행동과 설득을 통해 그리스를 이끌 수 있는 새로운 세대의 정치가들을 교육하는 것을 임무로 여겼다. 그러므로 우리는 책을 들여다보며 사색하는 학자의 모습이 아니라, 폭력을 동원해 막 되찾은 민주주의 법정에서 사형 구형을 선고받은 소크라테스의 모습을 아고라의 시민들과 함께 황망히 지켜보는 젊은 플라톤의 생각을 직접 볼 수 있을 것이다. 이제 철학은 한물갔다고 말하는 사람들이 있지만, 철학은 현재 존재하고 앞으로도 늘 존재하리란 것을 눈앞에 보여 주고 싶다. 이론과 동시에 실천은 의미를 부여한다. 그러므로 이 세상에 그리고 우리 인생에 방향성을 제시한다. 행동하도록 한다.

몇 년 전 이런 내 생각을 프란체스코 바릴리와 다른 친구들에게 말했다. 프란체스코와는 이전 프로젝트에서 함께 작업하면서 그가 그래픽노블 작가로서의 역량이 출중하다고 판단했었다. 그에게 그래픽노블 장르가 '살아 있는 철학(philosophia de vivo)'을 이야기하기에 적합할지 물었다. 공허하고 현학적인 잡담이나 먼지 자욱한 책장에서 철학을 탈출시키기 위해서였다. 몇 달 전 프란체스코가 일을 다 끝냈다고 연락해 왔을 때 무척 행복했다. 알레산드로 란기아쉬가 예리하고 환상적인 암시를 풍부하게 담아내면서도 역사적 사실을 살려 내는 그림을 그린 덕분이었다. 이 책을 쭉 훑어보고 나니 더욱 행복하다.

소크라테스: 생애, 재판, 죽음
철학의 아버지, 우리 문화에서 중요한 부분을 차지하고 있는 이 사람의 운명은 인류 역사에 많은 영향을 주었다. 그는 책을 쓰지 않았다. 그의 생애와 가르침은 다른 사람이 쓴 책을 통해 전해졌는데, 특히 제자인 플라톤을 통해서였다. 소크라테스란 인물의 여러 가지 모습, 전해지는 다양한 이야기와 해석에도 불구하고 변하지 않는 사실이 있다. 소크라테스가 기원전 399년에 죽었다는 것, 도시가 믿는 신을 믿지 않고 젊은이들을 타락시켰다는 이유로 고발당한 것, 고향 아테네 법정에서 사형을 선고받은 것이다. 오늘날 우리로서는 쉽게 납득할 수 없는 대목이다. 그러나 자세히 들여다보면 현재와 너무나 유사한 문제점이 보인다는 걸 깨닫게 된다. 개인의 의견과 학문이, 힘을 가진 권력과 법 권력이, 인간의 법과 신의 법이, 진

실 앞에서 침묵하지 않는 올바른 인간과 의무에 충실한 단순한 시민이 어떤 점에서 다른지 살펴볼 때 문제점을 발견하는 것처럼 말이다.

소크라테스의 죽음은 그런 문제들을 최초로 이성적으로 표현해 냈다. 그 문제들을 조명하고, 직접 대면하고, 해결하려는 최초의 방법인 셈이다. 안타깝게도 현실은 부당함이 정의보다 더 많은 뉴스거리가 된다. 이 책에서는 소크라테스 강의의 본질을 모두 취급하고 있다.

스테파노 카르디니
저널리스트 스테파노 카르디니는 조반니 피아나 교수의 제자였으며, 밀라노 대학에서 이론철학으로 학위를 받았다. 2009년 산 라파엘레 건강 보건 대학교, 현상학 및 정신과학 연구소(소장 로베르타 데 몬티첼리), 페르소나(Persona) 탄생에 기여했다. 블로그 〈현상학연구소(phenomenology Lab)〉를 기획했고, 국제 학술지 〈현상학과 정신(Phenomenology and Mind)〉와 협업하고 있다.

α

아테네인들은 스파르타와의 전쟁에서 패한 뒤 끔찍한 세월을 보내는 동안 신들에게서 버림받았다고 생각했다.

스파르타의 리산드로스 장군은 아테네 함대를 완전히 격파하고, 아테네의 보급로를 차단했다. 아테네는 스파르타에 무조건 항복했다.

리산드로스 장군은 아테네에 과두 정권을 복구하고자 했다. 사람들이 몰려드는 법정뿐만 아니라 집회에서도 아테네 정부가 분노한 대중의 생각대로 움직이는 듯했기 때문이다.

리산드로스 장군의 지원으로 모반을 피해 권력을 잡은 30인 참주는 아테네를 참혹한 내전으로 몰아갔다.

민주주의 지도자들은 저항했고, 정부 내분이 끊이지 않았다. 체포와 사형 집행과 유혈 충돌로 1년 남짓 도시는 갈기갈기 찢겼으며…

결국 민주파가 권력을 탈환했다. 그러나 아테네는 평화를 찾지 못했고, 어쨌든 새로운 정치가 시작되었다.

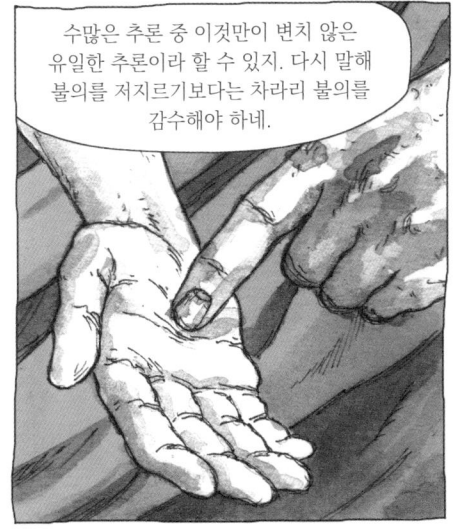

β

그후, 저는 어느 정치인을 만나러 갔습니다.
현명하기로 소문난 사람이었습니다.

그는 많은 사람에게 자신의 지혜를 뽐낼
수 있는 사람 같았습니다. 하지만 결코
지혜로운 사람이 아니었습니다. 제가
그보다 지혜로운 사람인 걸 깨달았습니다.

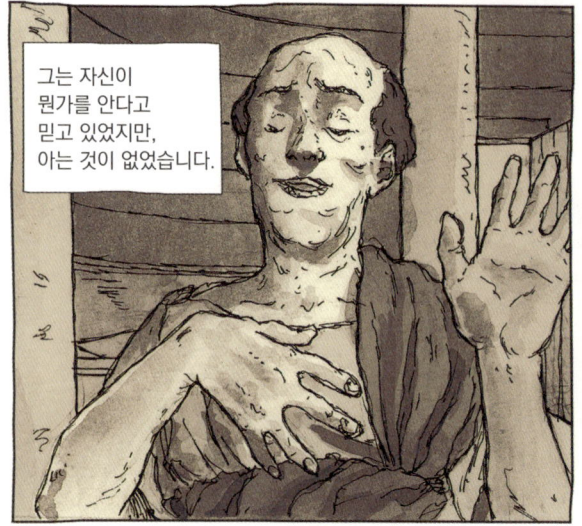

그는 자신이
뭔가를 안다고
믿고 있었지만,
아는 것이 없었습니다.

저 또한 아는 것이 없었지만,
뭔가를 알고 있다고 생각한 적도
결코 없었습니다.

그다음에는 시인들과 비극작가들을 찾아갔습니다.

얼마 지나지 않아 그들이 뭔가를 알아서 작품을 쓴 게 아니라는 걸 깨달았습니다.

시인들은 예언자처럼 신성한 영감을 받아 작품을 썼던 것입니다.

이들은 많은 이야기를 했지만, 자신들이 말하는 것을 전혀 이해하지 못했습니다.

γ

*페르시아의 왕 크세르크세스는 기원전 481년 그리스를 침공했다.
**다리우스 1세는 기원전 513년 스키타이족의 영역을 침공했다.

δ

*신과 인간의 중간 존재인 정령. 소크라테스는 자신이 다이몬의 소리를 듣고 그 뜻을 따른다고 주장했다.

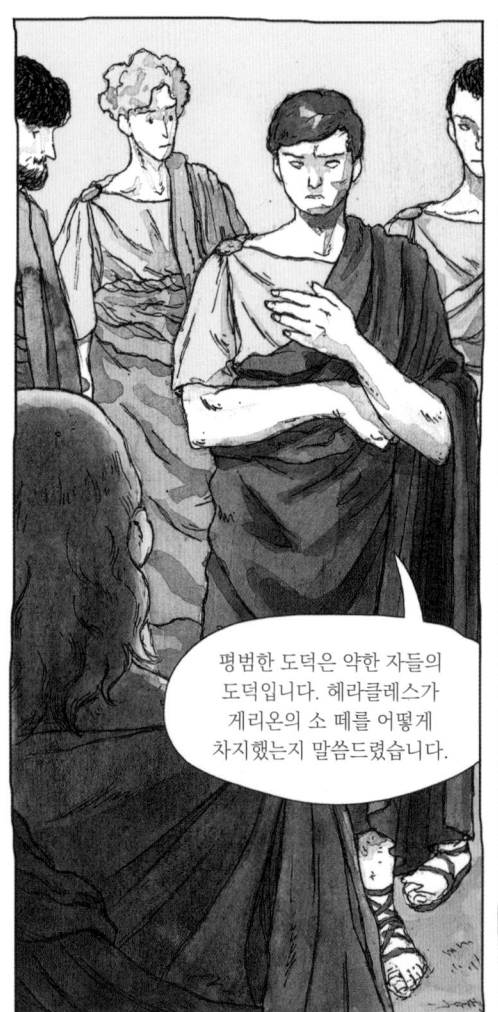

3

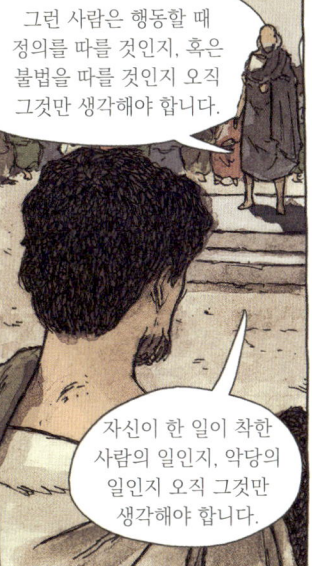

5

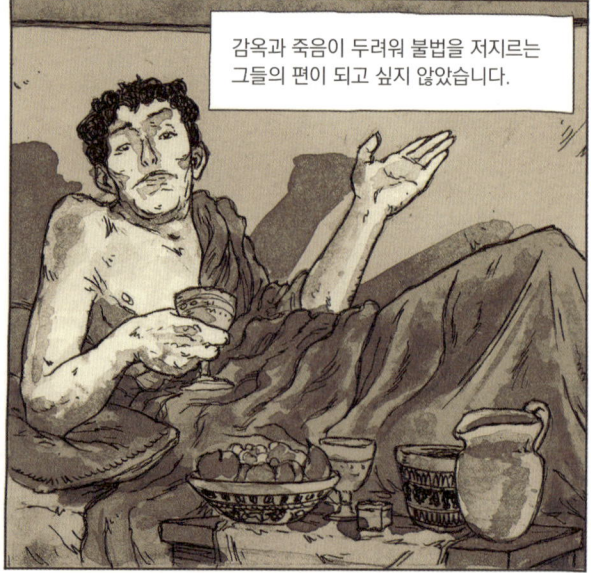

*장정의 100일치 임금에 해당하는 액수. 당시 사형을 면제해주는 금액은 대체로 30므나 정도로, 1므나는 아테네 시민의 상식으로는 받아들일 수 없는 액수의 벌금이었다.

7

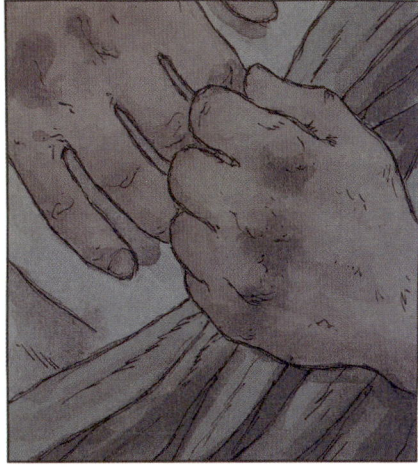

η

θ

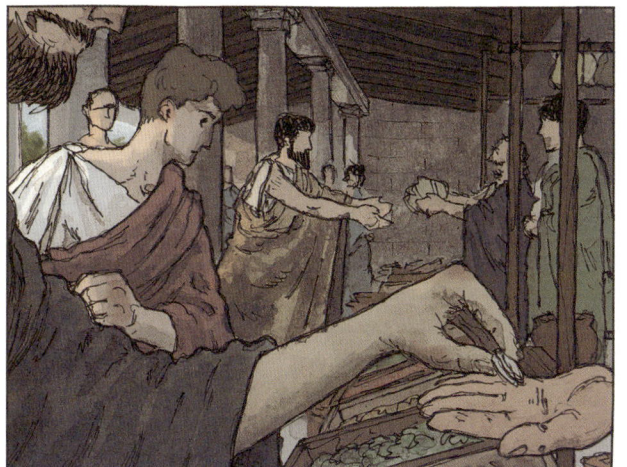

*이 책에서는 에케크라테스가 오랜만에 아테네에 돌아와 파이돈을 만나는 것으로 작화되었지만, 〈파이돈〉에서는 두 사람이 플레이우스에서 만나 소크라테스의 죽음을 이야기한다.

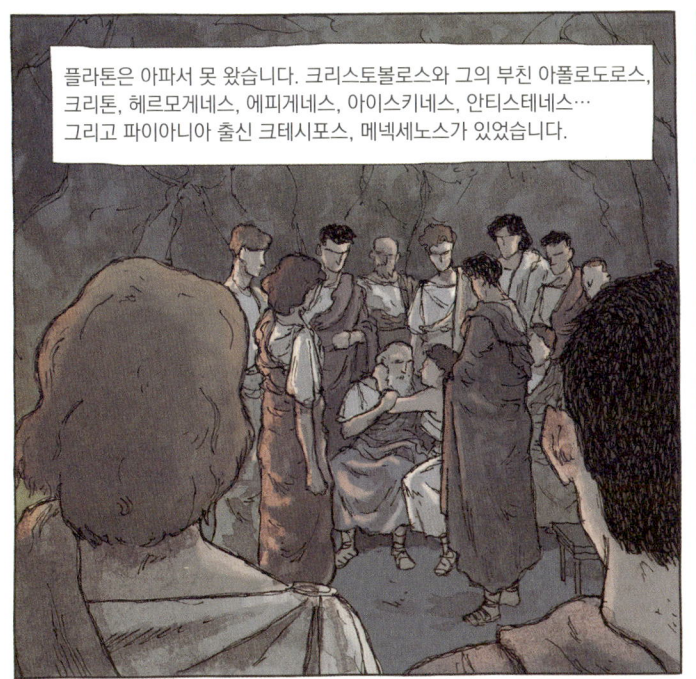

스승님…

다리가 무거워지는 것 같아…

파이돈, 나 때문에 울지 말게.

스승님 때문이 아니라 친구 없이 남게 될 제 처지가 딱해서입니다.

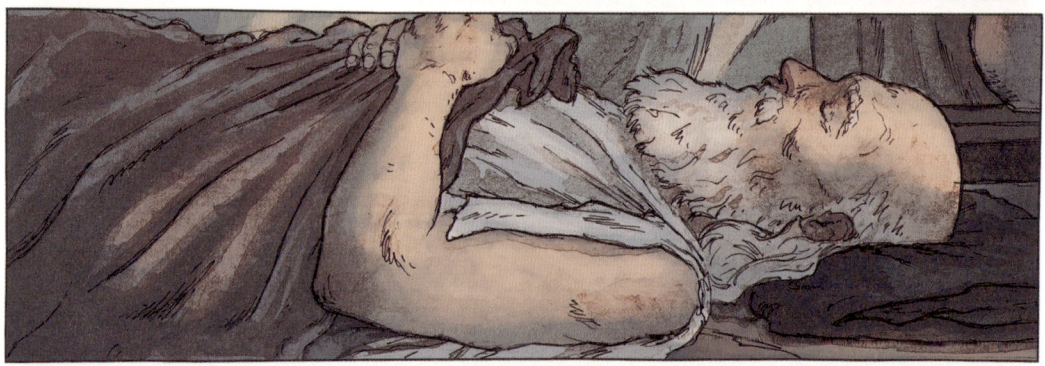

아테네

민주주의의 요람

시나리오 작가의 말

잘 알다시피 소크라테스가 남긴 저서는 없고 다른 사람들이 그에 대해 쓴 글만 있다. 나는 시나리오를 쓸 때 그중 플라톤 저작만을 집중해서 읽었다. 많은 사람이 위대한 철학자 소크라테스를 이야기했지만, 나는 한 저자의 책에서 말하는 내적으로 일관성 있는 '소크라테스'를 만들어 내고 싶었고, 여러 저자의 책을 참고하다가 방향성을 잃을까 염려했기 때문이다. 만화에서 형상화한 소크라테스의 주요한 특성이 그의 유명한 제자인 플라톤이 보여 주는 소크라테스인 이유다. 플라톤은 또한 책의 서두와 마지막을 장식하고 있는데, 스테파노 카르디니 선생님이 고맙게도 그 대사를 생각해 내셨고, 내가 조금 다듬었다. 만화가이자 일러스트레이터인 마르코 타빌리오에게도 고마움을 전한다. 해마다 토스카나에서 열리는 만화 박람회가 2015년 루카에서 개최되었는데, 그곳에서 그를 만나 대화하던 중에 이 만화의 시나리오 관련 아이디어가 떠올랐기 때문이다.

소크라테스는 기원전 399년 사형당했다. 그의 재판은 최초의, 적어도 기록상으로는 최초의 양심수 재판이라 할 수 있다. 소크라테스는 가장 유명한 철학자이고 오늘에 이르기까지 인류의 역사에 막대한 영향을 주는 인물이다. 또한 자신의 신념을 지키기 위해 사망한 최초의 희생자이다.

소크라테스가 사형을 당함으로써 아테네의 민주주의는 '완벽하게 이상적인 민주주의'로 인정받을 수 없게 되었다. 모범이 되는 민주주의의 주요 사항에 대해 논쟁하고 싶지 않지만, 소크라테스 재판은 가장 위대하다고 자부하는 민주주의가 가장 훌륭한 시민을 어떻게 사형에 처할 수 있는지 보여 준다. 소크라테스의 죽음이 남긴 위험의 메시지는 명확하다. 어떤 형태의 권력이든 권력을 가진 자에게 자유롭고 엄격한 지식인은 항상 눈엣가시라는 점이다.

참고한 플라톤 저서들은 인터넷을 통해 쉽게 찾아볼 수 있다. 《에우튀프론》, 소크라테스는 자신이 '고발당한' 사실을 알게 된다. 《소크라테스의 변론》, 역사상 가장 유명한 자기 변론을 볼 수 있다. 《크리톤》, 죽기 직전 감옥에 있는 소크라테스를 찾아간 친구와의 대화가 담

겨 있다. 《파이돈》, 파이돈과 에케크라테스의 대화로, 판결 이후 소크라테스의 죽음을 이야기한다. 《고르기아스》, 소크라테스는 고르기아스 및 특히 칼리클레스와 말로 대결한다. 우리 만화에서는 모노톤으로 그려진 회상 장면에서 칼리클레스와의 변증법적인 대치 상황을 재현하고 있다. 《향연》, 소크라테스가 에로스에 대해 이야기하는 부분을 인용했다.

이야기에는 세 시기가 주로 교차하며 등장한다. 재판 도중 연설, 청년들과의 대화, 감옥 안의 소크라테스. 이 중 젊은이들과의 대화 장면은 다양한 대화를 바탕으로 혼합하여 구성한 것이다. 에로스에 관한 소크라테스의 설명도 칼리클레스와의 대화를 바탕으로 상상해서 만들어 냈다. 칼리클레스와의 대화는 《고르기아스》 및 다른 저서에서 가져왔다. 혐의를 받아 공식적으로 고발당하기 전에 젊은 제자들과 오랫동안 나누었던 대화는 상상력에 기대어 구성했다.

나는 아테네의 일상생활에 관한 자료는 거의 찾아보지 않고, 그 일을 알레산드로에게 맡겼다. 작업 초반에 두 편의 영화가 유용했다고 말해주긴 했다. 로베르토 로셀리니 감독의 〈소크라테스〉(1971)와 코라도 데리코 감독의 〈소크라테스의 재판과 죽음〉(1939)이었다. 소크라테스와 디오티마의 대화에 한정해서 말하자면, 1988년 프랑스 TV에서 마르코 페레리가 《향연》을 참고로 영화화한 〈플라톤의 향연〉도 참고할 만했다.

만화에는 그리스 신화의 다양한 에피소드가 언급된다(게리온의 소 떼를 차지한 헤라클레스, 테세우스와 미노타우로스 등). 이제는 모든 사람이 상상 속에서 공유하는 그런 에피소드를 자세히 설명할 필요는 없을 것이다. 그러나 이야기에 나오는 역사적 사건에 대한 언급을 설명하는 것이 좋겠다.

35쪽: 칼리클레스는 두 번의 전쟁을 말한다. 한 번은 크세르크세스와 그리스의 전쟁이고, 다른 한 번은 스키타이족과 그의 부친의 전쟁이다. 크세르크세스는 페르시아 왕이었다. 칼리클레스가 언급하는 전쟁은 기원전 481년에 일어났다. 페르시아 함대는 기원전 480년 살라미스 해전에서 그리스 연합함대에 패배했다.

크세르크세스의 부친인 다리우스 1세는 기원전 522년부터 기원전 486년까지 페르시아를 다스렸다. 스키타이족과의 전쟁은 기원전 513년에 일어났다.

54쪽: 플라톤의 《소크라테스의 변론》에 따르면, 소크라테스는 자신을 변호할 때 아킬레스와 그의 어머니 테티스와의 대화를 인용했다. 이 에피소드는 《일리아드》에 등장한다.

65쪽: 소크라테스는 "저는 공직을 맡은 적이 없지만, 평의회에서 일한 적은 있습니다"라고 말하면서 아르기누사이 해전을 언급한다. 소크라테스가 언급한 재판에서 장군 열 명이 고발되었다. 기원전 406년 장군들은 아르기누사이 전투를 치른 후 전투 중에 침몰한 선박의 조난자들을 구조하지 못했다. 그 당시 500인 평의회 구성원 중 한 명이었던 소크라테스는 시 대표 위원회에 들어갔으며 그 재판에 반대했다.

125쪽: "아스클레피오스에게 수탉 한 마리를 갚아야 하네."
임종을 앞둔 소크라테스의 유명한 유언에는 신화적 요소가 들어 있어 약간의 설명이 필요하다.
인간 코로니스와 아폴로의 아들인 아스클레피오스는 반신이었다. 켄타우로스 종족의 케이론에게 양육되고 의술을 배웠으며, 의술의 신이 되었다. 당시 병에서 치유된 사람은 아스클레피오스에게 감사의 표시로 수탉을 제물로 바쳤다.
소크라테스의 의중은 이런 뜻이었을 것이다. 삶은 질병이고, 죽음으로써 그로부터 해방된다. 설령 자신이 죽는다 해도 자신의 선험적인 최고의 부분이 계속 살아 있을 것이기에 아스클레피오스는 공물을 받을 자격이 있다.

그림 작가의 말

이 작품의 그림 작업을 놓고 이야기의 배경을 어디로 해야 할지 오랫동안 고민했다. 되도록 사물을 정확하게 그리고 싶었고, 재구성해서 그린 장면이 독자의 신뢰를 얻었으면 했다. 하지만 고고학 분야에 관한 내 지식은 부족했다. 작업하는 내내 역사적 관련성을 마치 나침반을 따르듯 유지하려고 했지만, 이 책에서 선택한 도상학은 글에서 요구하는 것을 주로 따랐다. 유감스럽게도 뜻하지 않은 실수가 있을 수 있다.

이 책을 위해 내가 고른 미학적 선택 중 몇 가지를 잠깐 설명하고자 한다.

아테네에서 법정으로 기능한 장소는 여러 곳이었다. 여러 재판이 동시에 이루어졌기 때문이다. 배심원들은 절차에 따라 재판의 유형에 맞게 배정된 장소에서 다양한 유형의 피고인들을 판결했다. 소크라테스의 재판이 어디에서 이루어졌는지 자료 조사를 해도 정확하게 파악되지 않았다. 발굴된 유물과 당시 문헌에서 언급하는 장소가 다를 때도 있었고, 법정으로 쓰였던 장소들의 쓰임새가 자주 바뀌기도 했다. 나는 소크라테스의 재판을 아고라 배경으로 그리기로 결정했다. 아고라는 도시 국가 아테네의 특징을 잘 드러내고, 아테네의 심장부에 위치하기에 역사적 재판의 배경으로 적합하다고 생각했기 때문이다.

실제로 재판이 이루어진 곳은 도대체 어디였을까?

5세기에 그려진 아고라 평면도를 보면 현재 아탈로스의 스토아가 위치한 파나텐 가 근처의 동쪽 지역에 네 개의 건물이 있다. 그 중 한 건물에서 민회에서 투표할 때 사용한 청동 원반이 꽤 많이 발견되었는데, 이곳이 과거에 법정으로 이용되었음을 보여 준다. 그 건물 위쪽에 기원전 300년 무렵 지은 이른바 사각의 페리스타일(기둥으로 둘러싸인 형식) 건축물을 통해서도 그 사실을 확인할 수 있다. 구조물의 면적(모든 측면이 대략 60제곱미터)을 통해 이곳의 각 모퉁이가 각각 500명을 동시에 수용할 수 있는 네 개의 법정으로 사용되었으리라 추정된다. 그러므로 이곳은 이전 시기에 지은 네 개의 건축물의 기능을 결합했을 가능성이 크다. 두 개는 5세기 말경에 건축되었지만, 다른 두 개는 기원전 340년 이후 건축되었다. 소크라테스의 재판은 기원전 399년에 있었으므로, 더 오래된 두 건물 근처에서 재판이 진행되었을 것이다.

둘 중 한 곳에서 다른 건물, 즉 아고라 남서쪽에 위치한 직사각형 페리볼로스에서 건물 상층부 조각이 발견되었다. 이와 같은 공통된 요소를 통해 두 건물이 어떤 연속성을 갖는다고 추측할 수 있다. 그 밖에 회의장인 불레우테리온이 근처에 있다는 점, 네 개의 건물 중 가장 오래된 건물의 평면도와 유사한 점에서 그곳을 법정으로 사용했음을 확인할 수 있다. 이 건축물 안에 헤로도토스가 언급한 아이아코스 성소(혹은 곡식창고)가 있다는 가정이 있긴 하지만, 이 건물이 재판을 진행하기에 가장 적당하다고 나는 생각했다.

처음에 나와 프란체스코는 소크라테스가 젊은이들과 자연스럽게 만나는 장소를 어떤 배경으로 할까 고민했다. 로베르토 로셀리니가 1971년 감독한 영화에서처럼 해안가나 숲속을 떠올렸다. 재판을 통해 보여 주었던 것과 전혀 다른 상황에 인물을 배치하려고 했다. 하지만 소크라테스가 변론하는 장소를 페리볼로스로 하면 아고라의 다양한 단면을 보여 줄 수 있을 듯싶었다. '제우스의 스토아'는 재판이 진행되는 곳의 맞은편에 위치하므로 그렇게 할 수 있었다.

스팍테리아섬에서 스파르타와 싸워 승리를 거둔 것을 기념하여 기원전 5세기 무렵 건립된 그 건물은 반스파르타적, 반페르시아적 가치를 칭송했다. 자유와 정치적 자율성을 상징하므로 소크라테스가 제자들과 대화를 이어 나가는 본거지가 되기에 적당한 장소였다. 그 밖에도 소크라테스가 더 많은 사람을 대화에 끌어들이기 위해 사람이 붐비는 장소에 자주 드나들었다는 것을 보여 주는 자료는 많다.

플라톤은 《파이돈》에서 소크라테스의 사형 집행을 이야기한다. 이 작품에 따르면 감옥은 법정 근처에 있다. 직사각형 페리볼로스에서 그리 멀지 않은 아고라 남쪽 지역에 연구자들이 말한 감옥의 흔적이 있다. 소크라테스 초상화(플라톤도 《파이돈》에서 언급한 바 있다)에 등장하는 도자기 파편이 발견되었기 때문이다. 처음에는 감옥 복원 작업을 따라가다 보면 직사각형 페리볼로스가 실제 재판 장소가 될 수도 있겠다 싶었다. 하지만 더 일반적인 가정을 따르자면, 그곳은 연회장과 더불어 사법 관련 공공 복합 시설이었을 것이다. 결국 암벽을 파내서 만든 독방이 가장 자연스러운 형태의 감옥이라는 사실이 더 흥미로운 해결방식으로 보였다. 아테네의 필로파포스 언덕에 '소크라테스 감옥'이라고 불리는 곳이 있다. 실제로 소크라테스가 갇힌 곳은 아닐 터이나 비슷한 장소를 배경으로 하는 것이 이야기 흐름에 적당한 듯싶었다.

마지막으로, 소크라테스가 임종을 앞두고 파이돈에게 머리를 자를 것이라고 말하는 장면에 대해 몇 마디 덧붙이고 싶다. 상중에 머리를 자르는 것은 그리스의 옛 관습이었다.《일리아드》23권에서 아킬레스는 파트로클로스의 장례식을 치르는 동안 머리를 잘라 화장용 장작더미에 던진다. 나는 그 장면을 보고 충격을 받은 적이 있어, 대본을 읽기 전에 소크라테스 제자 중 한 명이 스승이 죽은 후 머리카락을 자르는 모습을 그릴 생각이었다. 이것을 언급하는 문장이 시나리오에 있는 것을 발견하고 나는 더욱 기쁜 마음으로 작업할 수 있었다. 또한 소크라테스가 '로고스'를 통해 변증법적 논리를 실행하는 동안 그를 따르던 청년들과 소크라테스의 깊은 애정과 존경의 관계를 눈앞에서 보듯 생생하게 보여 줄 수 있었다.

지금까지의 이야기는 잡담 수준에 불과하다. 위에서 언급한 내용에 대해 더 많이 알고 싶다면, 다양한 연구 자료를 통해 접근할 수 있을 것이다.

ΧΙΤών

글 **프란체스코 바릴리**

1965년 출생. 《파우스토와 이아이오, 그 후 30년》(Costa & Nolan, 2008)의 대본을 썼고 세르지오 시니갈리아(Sergio Sinigaglia)와 함께 《깃털과 산》(Manifestolibri, 2008)을 저술, 케키노 안토니니(Checchino Antonini) 및 다리오 로시(Dario Rossi)와 함께 《디아즈 학교: 국가의 수치》(Edizioni Alegre, 2009)를 출간했다.

 마누엘 데 카를리(Manuel De Carli)와 함께 《카를로 줄리아니, 제노바의 반역자》와 《마테오티 범죄》(BeccoGiallo, 2013)를 저술했다.

사카(Sakka)와 더불어 《굿 바이 마릴린》과 《빈센트 반 고흐. 영원히 지속할 슬픔》(두 작품 모두 BeccoGrillo, 2016, 2019)을 저술했다. 《굿 바이 마릴린》으로 동명의 단편 애니메이션 영화가 제작되었다. 마리아 디 라차(Maria di Razza)가 감독한 이 영화는 2018년 9월 75회 베니스 국제 영화제 단편영화 부문(Giornate degli Autori)의 15번째 에디션에서 특별 이벤트로 소개되었다.

렐레 코르비(Lele Corvi)와 함께 《존 벨루시의 과도한 인생》(BeccoGiallo, 2019)을 저술했다.

블로그 francescobarilli.blogspot.it

그림 **알레산드로 란기아쉬**

1990년 로마 출생. 로마만화학교와 사피엔차대학교 고고학부를 다녔다. 대학 졸업 후에는 그림을 그리는 데 전념했다.

2012년부터 영화계와 광고계에서 스토리보드 작가로 일했다.

2017년 첫 만화책 《프리모 레비》의 그림을 그렸다. 이 책은 독일과 프랑스, 크로아티아에서 번역 출판되었다.

《소크라테스》는 그의 두 번째 만화책이다.

번역 **김효정**

한국외국어대학교 이탈리아어과 및 동 대학원을 졸업한 뒤, 비교문학과에서 박사 학위를 받았다. 현재 한국외국어대학교 이탈리아어통번역학과에서 강의를 하고 있다. 옮긴 책으로는 《중세》, 《불안의 책》, 《약혼자들》, 《아름다운 여름》, 《고대 로마인의 성과 사랑》 등이 있다.

그래픽노블로 만나는 가장 지혜로운 사람
소크라테스

초판 1쇄 발행 2022년 6월 7일

지은이 프란체스코 바릴리 | 그린이 알레산드로 란기아쉬 | 옮긴이 김효정
펴낸이 위원석
디자인 골무 | 제작 공간
펴낸곳 딸기책방 ttalgibooks@gmail.com | 주소 인천광역시 강화군 화도면 마니산로 739번길 26-13
전화 070-8865-0385 | 팩스 032-232-8024 | 출판등록 2017년 10월 20일 제357-2017-000008호

ISBN 979-11-91126-16-7 07100

이 책의 일부 또는 전부를 재사용하려면 반드시 저작권자와 딸기책방 양측의 동의를 얻어야 합니다.